Zwergenstübchen

Backgeheimnisse

Kaufmann Verlag

Ach du Schreck die Zwergenkatze ist weg.
Den lieben langen Tag suchte die Zwergenschar in Haus, Hof und Garten nach ihrer Katze.
Kein Rufen und Locken half – sie blieb verschwunden. Endlich kam einem Zwerg die Idee
auf dem Dachboden nachzuschauen und wahrhaftig saß sie oben auf dem Dachbalken,
schaute ganz schläfrig zu den Zwergen herunter und dachte wohl bei sich,
was ist das heute für ein aufregender Tag.

Nicht nur die Katze wurde gefunden, sondern auch eine wunderschöne Truhe
zwischen den Schachteln und Kisten mitten auf dem Dachboden.
Und was steht darauf „Köstliche Backgeheimnisse".
Die Zwerge öffneten voller Neugier die Truhe und sie konnten ihr Glück kaum fassen.
Die Truhe ist gefüllt mit den allerbesten Kuchen- und Tortenrezepten.
Ob da wohl der Zwergen-Zauberer „Hokus pokus fidibus" sprach
und der Zwergenschar und allen Zwergen-Backfreunden herrliche Rezepte schenkte?
Bestimmt! Dann wollen wir ihn nicht enttäuschen, sondern uns gleich an das Backen
der feinen Kuchen und Torten machen.

Viel Freude beim Backen und gutes Gelingen
wünschen Elke und Timo Schuster

ZWERGEN-KRANZ

Zutaten:

4 Eier
300 g Zucker
1 Päckchen Vanillezucker
$^{1}/_{8}$ l Öl
1 Becher Naturjoghurt
350 g Mehl
1 Päckchen Backpulver
100 g geraspelte Schokolade

Zubereitung:

Eier schaumig schlagen. Nach und nach Zucker, Vanillezucker einrühren. Anschließend Öl, Joghurt sowie löffelweise das mit Backpulver und Schokolade vermischte Mehl dazugeben, alles gut verrühren. Den Teig in eine gefettete, mit Semmelbrösel ausgestreute Backform füllen. Im vorgeheizten Backofen bei 180 Grad ca. 50 Minuten backen. Puderzucker über den ausgekühlten Kuchen stäuben.

BIRNENKUCHEN

Zutaten:

Teig:

200 g Mehl
1 Teelöffel Backpulver
100 g Zucker
1 Päckchen Vanillezucker
1 Ei
100 g Butter

Belag:

2 Dosen Birnen
1 Becher süße Sahne
1 Esslöffel Zucker
1 Päckchen Vanillezucker
1 Päckchen Vanillepuddingpulver

Zubereitung:

Alle Teigzutaten zu einem Mürbteig verarbeiten. Den ausgewellten Teig in eine gefettete Springform geben, darauf die abgetropften, geviertelten Birnen legen. Im vorgeheizten Backofen bei 180 Grad ca. 20 Minuten vorbacken. Danach den Guss über die Birnen gießen. Für diesen Sahne, Zucker, Vanillezucker, -puddingpulver verrühren. Bei gleicher Backtemperatur ist der Kuchen in etwa 35 Minuten fertig gebacken.

BIRNEN-SCHOKO-KUCHEN

Zutaten:

Teig:

150 g Butter
150 g Zucker
3 Eier
300 g Mehl
1 Päckchen Backpulver
1 Teelöffel Zimt
1 Esslöffel Kakao
40 g feine Haferflocken
1/8 l Milch
100 g Schokolade

Belag:

1 Dose Birnen

Zubereitung:

Butter schaumig schlagen. Abwechselnd Zucker, Eier dazugeben, zu einer cremigen Masse rühren. Nach und nach das mit Backpulver vermischte Mehl, Zimt, Kakao, Haferflocken, Milch einrühren. Zum Schluss die kleingeschnittene Schokolade unterheben. Den Teig in eine gefettete mit Semmelbrösel ausgestreute Springform füllen. Die Birnenhälften (Wölbung nach oben) auf der Teigmasse verteilen. Im vorgeheizten Backofen bei 180 Grad ca. 1 Stunde backen.

FEINER MILCHKUCHEN

Zutaten:

Teig:

200 g Mehl
1 Teelöffel Backpulver
60 g Zucker
1 Päckchen Vanillezucker
1 Ei
100 g Butter

Belag:

4 Eier
150 g Zucker
1 Päckchen Vanillezucker
650 g Dickmilch
100 g Crème fraîche
70 g Mehl
1 Päckchen Vanillepuddingpulver

Zubereitung:

Aus den Teigzutaten einen Mürbteig herstellen. Für den Belag die Eigelb schaumig schlagen. Nach und nach Zucker, Vanillezucker dazugeben, cremig rühren. Dickmilch, Crème fraîche einrühren, danach ebenso löffelweise das mit Puddingpulver vermischte Mehl. Eiweiß steif schlagen und unterziehen. Den ausgewellten Teig in eine ganz mit Back-Trennpapier ausgelegte Springform geben. Die Dickmilchmasse einfüllen. Im vorgeheizten Backofen bei 175 Grad ca. 65 Minuten backen, in der Form auskühlen lassen.

QUARKKUCHEN

Zutaten:

100 g Butter
200 g Puderzucker
1 Päckchen Vanillezucker
4 Eigelb
250 g Schichtkäse
200 g Mehl
100 g Speisestärke
1 Päckchen Backpulver
50 ml Milch
4 Eiweiß

Zubereitung:

Wie im Rührteig-Grundrezept beschrieben aus Butter, Zucker, Vanillezucker, Eigelb eine schaumige Masse zubereiten. Nacheinander den gut abgetropften Schichtkäse, das mit Speisestärke und Backpulver vermischte Mehl sowie die Milch einrühren. Zum Schluss steif geschlagenes Eiweiß unterziehen. Anschließend den Teig in eine gefettete mit Semmelbrösel ausgestreute Kastenform füllen. Im vorgeheizten Backofen bei 180 Grad ca. 65 Minuten backen. Nach dem Auskühlen Puderzucker über den Quarkkuchen stäuben.

SAHNIGER KÄSEKUCHEN

Zutaten:

Teig:
150 g Mehl
1 Teelöffel Backpulver
50 g Zucker
1 Päckchen Vanillezucker
1 Ei
50 g Butter

Belag:
500 g Magerquark
150 g Zucker
1 Päckchen Vanillezucker
1 Päckchen Vanillepuddingpulver
3 Eier
$^{3}/_{4}$ Tasse Öl
1 Becher süße Sahne
$^{1}/_{4}$ l Milch
2 Esslöffel Puderzucker

Zubereitung:

Aus den Teigzutaten einen Mürbteig herstellen. Für den Belag Quark, Zucker, Vanillezucker, Puddingpulver, 1 Ei, 2 Eigelb, Öl, Sahne sowie Milch gut verrühren. Den ausgewellten Teig in eine ganz mit Back-Trennpapier ausgelegte Springform geben. Die Quarkmasse einfüllen. Im vorgeheizten Backofen bei 200 Grad ca. 50 Minuten backen. 2 Eiweiß mit Puderzucker steif schlagen, auf den Kuchen streichen, weitere 10 Minuten backen. In der Form erkalten lassen.

NUSS-NOUGAT-CREME-KUCHEN

Zutaten:

125 g Butter

100 g Nuss-Nougat-Creme

150 g Zucker

1 Päckchen Vanillezucker

4 Eier

100 g Mehl

50 g Speisestärke

1 Päckchen Backpulver

100 g gemahlene Haselnüsse

2 Esslöffel Milch

Zubereitung:

Butter schaumig schlagen. Nuss-Nougat-Creme dazugeben und gut mitrühren.

Anschließend die restlichen Zutaten zu einem Rührteig verarbeiten. Den Teig in eine gefettete mit Semmelbrösel ausgestreute Kastenform füllen. Im vorgeheizten Backofen bei 175 Grad ca. 55 Minuten backen. Über den ausgekühlten Kuchen Puderzucker stäuben.

ANANAS-GUGELHUPF

Zutaten:

Teig:

300 g Butter
200 g Zucker
5 Eier
400 g Mehl
1 Päckchen Backpulver
100 ml Milch
1 Esslöffel Kakao
2 Esslöffel Milch
1 kleine Dose Ananas

Glasur:

120 g Puderzucker
2–3 Esslöffel Ananassaft

Zubereitung:

Teigzutaten zu einem Rührteig verarbeiten. Von diesem etwa 1/3 in eine Schüssel geben, Kakao und Milch einrühren. Nun Ananaswürfelchen unter den hellen Teig ziehen, davon die Hälfte in eine gefettete mit Semmelbrösel ausgestreute Gugelhupfform füllen, darauf dunklen, zum Schluss restlichen hellen Teig geben. Für die Marmorierung den Teig mit einer Gabel durchziehen. Im vorgeheizten Backofen bei 175 Grad ca. 60 Minuten backen. Puderzucker, Ananassaft glatt rühren, damit den noch warmen Gugelhupf glasieren oder auf den erkalteten Kuchen Puderzucker stäuben.

ZWIEBACK-MANDELKUCHEN

Zutaten:

Teig:

400 g Mehl
1 1/2 Päckchen Backpulver
150 g Zucker
1 Ei
250 g Quark
4 Esslöffel Milch
6 Esslöffel Öl

Belag:

100 g gemahlener Zwieback
100 g Zucker
1 Päckchen Vanillezucker
200 g zerlassene Butter
200 g gemahlene Mandeln
2 Becher süße Sahne

Zubereitung:

Alle Teigzutaten zu einem Mürbteig verarbeiten. Für den Belag gemahlener Zwieback, Zucker, Vanillezucker mit der Butter vermischen. Danach Mandeln und Sahne unterrühren. Den ausgewellten Teig auf ein gefettetes Backblech legen, darauf die Zwieback-Mandelmasse streichen. Im vorgeheizten Backofen bei 180 Grad ca. 30 Minuten backen.

ZWIEBACK-KÄSEKUCHEN

Zutaten:

Teig:

150 g gemahlener Zwieback
50 g Zucker
50 g zerlassene Butter
$^1/_2$ Teelöffel Zimt

Belag:

1000 g Sahnequark
200 g Zucker
1 Päckchen Vanillezucker
30 g Mehl
1 Prise Salz
5 Eier
2 Eigelb
4 Esslöffel süße Sahne

Zubereitung:

Gemahlener Zwieback (zum Bestreuen 2 Esslöffel übriglassen), Zucker, Butter, Zimt vermischen. In eine Springform geben, an Rand und Boden andrücken.

Alle Belagzutaten gut verrühren, in die Form geben, gemahlener Zwieback darüber streuen. Im vorgeheizten Backofen (untere Schiene) bei 230 Grad 10 Minuten backen, anschließend bei 125 Grad ca. 1 $^1/_4$ Stunden. Danach etwa 3 Stunden in der Form auskühlen lassen.

BEEREN-KUCHEN

Zutaten:

Teig:

200 g Mehl

$^{1}/_{2}$ Teelöffel Backpulver

50 g Zucker

1 Päckchen Vanillezucker

2 Eigelb

3 Esslöffel Crème fraîche

100 g Butter

Belag:
1 kg Johannisbeeren
6 Esslöffel Zucker
6 Eiweiß
200 g Puderzucker
1 Teelöffel Zimt
180 g gemahlene Haselnüsse
Semmelbrösel

Zubereitung:
Aus den Teigzutaten einen Mürbteig herstellen. Für den Belag Johannisbeeren mit Zucker mischen. Eiweiß steif schlagen, löffelweise Puderzucker sowie Zimt dazugeben, gut mitrühren. Johannisbeeren und Haselnüsse unterheben.

Den Teig auswellen, in eine gefettete Kuchenform legen. Semmelbrösel auf den Teigboden streuen. Die Johannisbeermasse einfüllen.

Im vorgeheizten Backofen bei 175 Grad ca. 60 Minuten backen. Über den erkalteten Kuchen Puderzucker stäuben.

Kirsch-Muffins

Zutaten:

150 g Butter, 125 g Zucker, 2 Eier, 1 Teelöffel Zimt,
1 Messerspitze Nelken, 2 Esslöffel Kakao, 75 g Mehl, 50 g Speisestärke,
1/2 Teelöffel Backpulver, 3 Esslöffel Milch, 180 g Sauerkirschen

Zubereitung:

Aus den Zutaten einen Rührteig herstellen.
Zum Schluss die abgetropften Kirschen unterziehen.
Den Teig in Papierbackförmchen füllen.
Im vorgeheizten Backofen bei 180 Grad ca. 20 Minuten backen.
Die ausgekühlten Kirsch-Muffins glasieren oder mit Puderzucker bestäuben.

SAHNE-KIRSCHKUCHEN

Zutaten:

Teig:

4 Eigelb
200 g Zucker
1 Tasse Öl
250 g Mehl
1 Päckchen Backpulver
1 Tasse Orangensaft
4 Eiweiß

Belag:

3 Gläser Sauerkirschen
2 Päckchen klarer Tortenguss
2 Becher süße Sahne
1 Esslöffel Zucker
1 Päckchen Vanillezucker
2 Päckchen Sahnesteif
1 Becher Schmand
2 Esslöffel Puderzucker
1 Teelöffel Zimt

Zubereitung:

Eigelb schaumig schlagen, löffelweise den Zucker mitrühren. Anschließend das Öl gut unterrühren. Mehl, Backpulver vermischen und abwechselnd mit Orangensaft in die Teigmasse einarbeiten. Zum Schluss das steif geschlagene Eiweiß unterziehen. Den Teig auf ein mit Back-Trennpapier ausgelegtes Backblech streichen. Im vorgeheizten Backofen bei 180 Grad ca. 10 Minuten backen. Für den Belag Kirschen abtropfen lassen. Den Tortenguss mit Kirschsaft nach Packungsanweisung zubereiten. Die Kirschen untermischen, etwas abkühlen lassen und auf dem erkalteten Kuchenboden gleichmäßig verteilen. Sahne, Zucker, Vanillezucker, Sahnesteif schlagen, vorsichtig den Schmand einrühren. Zuletzt die Sahnecreme über die Kirschen streichen, darauf das Zucker-Zimt-Gemisch streuen.

KIRSCHROLLEN

Zutaten:

Teig:

400 g Mehl
1 Päckchen Backpulver
120 g Zucker
1 Päckchen Vanillezucker
1 Ei
125 g Quark
100 g Butter

Füllung:

1 Glas Sauerkirschen
(Saft aufheben)
2 Esslöffel Zucker
2 Esslöffel Speisestärke
1 Teelöffel Zimt
125 ml Kirschsaft

Milch zum Bestreichen

Zubereitung:

Alle Teigzutaten zu einem Mürbteig verarbeiten. Für die Füllung Zucker, Speisestärke, Zimt mit Kirschsaft verrühren, einmal aufkochen, Kirschen untermischen, danach kaltstellen. Nun den Teig in zwei Portionen teilen und auf einer bemehlten Arbeitsfläche jeweils rechteckig auswellen.

Die Füllung auf den Teigplatten verteilen, an allen Seiten einen ca. 5 cm breiten Rand frei lassen. Beide Längsseiten jeder Teigplatte zu einer Rolle übereinander schlagen, gut andrücken, Seitenränder nach oben umschlagen.

Die Kirschrollen auf ein gefettetes Backblech legen (umgeschlagene Seiten nach unten). Beide Oberflächen mit Milch bestreichen und im Abstand von etwa 4 cm ca. $^1/_2$ cm tief quer einschneiden. Im vorgeheizten Backofen bei 190 Grad etwa 30 Minuten backen. Vor dem Servieren Puderzucker über die Kirschrollen stäuben.

FEINER KIRSCHKUCHEN

Zutaten:

Teig:
200 g Mehl
1 Teelöffel Backpulver
60 g Zucker
1 Päckchen Vanillezucker
1 Ei
100 g Butter

Belag:
2 Gläser Sauerkirschen
4 Esslöffel Speisestärke
6 Esslöffel Zucker
1 Teelöffel Zimt
1/2 l Kirschsaft

150 g Mehl
100 g Zucker
1 Päckchen Vanillezucker
1/2 Teelöffel Zimt
100 g Butter
2 Becher süße Sahne
1 Päckchen Vanillezucker
2 Päckchen Sahnesteif
100 g Zartbitter-Schokolade

Zubereitung:
Aus den Teigzutaten einen Mürbteig zubereiten. Für den Belag die Kirschen abtropfen lassen.

Speisestärke, Zucker, Zimt mit etwas Kirschsaft anrühren. Den restlichen Saft zum Kochen bringen. Speisestärke einrühren, kurz aufkochen, die Kirschen dazugeben, alles gut vermengen.

Mehl, Zucker, Vanillezucker, Zimt und Butter zusammenkneten, daraus ganz feine Streusel herstellen. Den Teig auswellen, in eine gefettete Kuchenform legen. Die abgekühlte Kirschmasse gleichmäßig darauf verteilen, mit den Streuseln abdecken.

Im vorgeheizten Backofen bei 180 Grad ca. 45 Minuten backen. Sahne, Vanillezucker, Sahnesteif schlagen, kurz vor dem Kirschkuchenschmaus auf den erkalteten Kuchen streichen und geraspelte Schokolade darüber streuen.

KIRSCHEN-KRÄNZCHEN

Zutaten:

200 g Butter
200 g Zucker
1 Päckchen Vanillezucker
4 Eier
200 g Mehl
100 g Speisestärke
100 g Grieß
1 Päckchen Backpulver
3 Esslöffel süße Sahne
3 Esslöffel Semmelbrösel
1 Teelöffel Zimt
3 Esslöffel Zucker
2 Gläser Sauerkirschen

Zubereitung:

Aus Butter, Zucker, Vanillezucker, Eier, Mehl, Speisestärke, Grieß, Backpulver, Sahne einen Rührteig herstellen. Anschließend Semmelbrösel, Zimt sowie Zucker vermischen, die abgetropften Kirschen darin wälzen. Schichtweise Teig und Kirschen in eine gefettete mit Semmelbrösel ausgestreute Kranzform geben. Zuerst etwa $^1/_3$ des Teiges einfüllen, darauf die Hälfte der Kirschen verteilen, wieder $^1/_3$ Teig, danach die restlichen Kirschen. Zum Schluss das letzte Drittel des Teiges gleichmäßig auftragen, glattstreichen. Im vorgeheizten Backofen bei 175 Grad ca. 1 Stunde backen.

KIRSCHEN-SCHMAUS

Zutaten:

Teig:

200 g Mehl

1/2 Teelöffel Backpulver

2 Esslöffel Kakao

100 g Zucker

1 Ei

125 g Butter

Belag:

2 Gläser Kirschen

3 Eier

80 g Zucker

1 Teelöffel Zimt

1 Becher Crème fraîche

1 Becher Naturjoghurt

1 Esslöffel Speisestärke

Zubereitung:
Alle Teigzutaten zu einem Mürbteig verarbeiten, kaltstellen. Diesen auf einer bemehlten Arbeitsfläche auswellen und in eine gefettete Quicheform legen (Teigboden mehrmals mit einer Gabel einstechen). Im vorgeheizten Backofen bei 200 Grad 15 Minuten vorbacken. Währenddessen den Guss zubereiten. Eier mit Zucker und Zimt schaumig schlagen. Danach Crème fraîche, Joghurt sowie Speisestärke einrühren. Nun auf den etwas ausgekühlten Kuchenboden die gut abgetropften Kirschen geben, darüber den Guss verteilen. Den Kuchen bei 180 Grad in weiteren ca. 35 Minuten fertig backen.

Ruck-Zuck-Käsekuchen

Zutaten:

250 g Butter, 250 g Zucker, 6 Eier,
2 Päckchen Vanillepuddingpulver,
1/2 Päckchen Backpulver, 1000 g Magerquark

Zubereitung:

Butter schaumig schlagen. Abwechselnd Zucker, 3 Eier sowie 3 Eigelb dazugeben, zu einer cremigen Masse rühren.
Pudding- und Backpulver vermischen, mit dem Quark einrühren.
Die 3 steif geschlagenen Eiweiß unterziehen.
Den Teig in eine ganz mit Back-Trennpapier ausgelegte Springform füllen.
Im vorgeheizten Backofen bei 180 Grad ca. 1 Stunde backen.
Den Kuchen in der Form erkalten lassen.

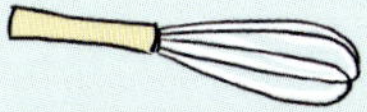

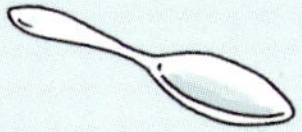

KOKOS-TRAUM

Zutaten:

Teig:

250 g Butter

250 g Zucker

1 Päckchen Vanillezucker

6 Eier

50 g Mehl

50 g Speisestärke

$^{1}/_{2}$ Päckchen Backpulver

50 g abgezogene, gemahlene Mandeln

150 g Kokosraspel

3 Esslöffel Milch

Belag:

4 Esslöffel Aprikosenmarmelade

Kokosraspel

Zubereitung:

Alle Teigzutaten zu einem Rührteig verarbeiten. Diesen in eine gefettete mit Semmelbrösel ausgestreute Springform füllen. Im vorgeheizten Backofen bei 180 Grad ca. 45 Minuten backen, danach auf einem Kuchengitter etwas auskühlen lassen. Die Marmelade erwärmen, durch ein Sieb streichen, den Kuchen damit überziehen und Kokosraspel darüber streuen.

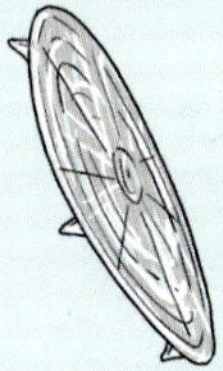

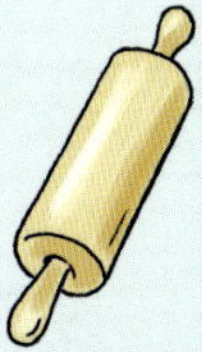

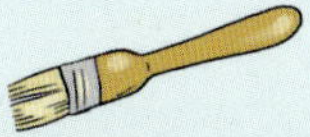

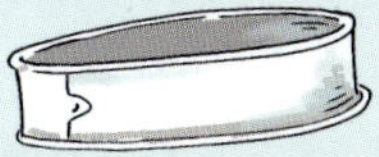

ANANAS-KUCHEN

Zutaten:

250 g Butter
200 g Zucker
1 Päckchen Vanillezucker
5 Eier
200 g Mehl
100 g Speisestärke
1 Päckchen Backpulver
1 Dose Ananas-Scheiben
3 Esslöffel Aprikosen-marmelade
Kokosraspel

Zubereitung:

Einen Rührteig aus Butter, Zucker, Vanillezucker, Eier, Mehl, Speisestärke, Backpulver zubereiten. Die Hälfte des Teiges in eine gefettete Springform füllen und glattstreichen.

Die kleingeschnittenen Ananas-Stückchen unter den restlichen Teig mischen, ebenfalls in die Springform geben. Im vorgeheizten Backofen bei 180 Grad ca. 70 Minuten backen. Anschließend die Kuchenoberfläche mit der zuvor erwärmten Aprikosen-marmelade bestreichen und Kokosraspel darüber streuen.

APRIKOSEN-KUCHEN

Zutaten:

Teig:
160 g Mehl
1/2 Teelöffel Backpulver
60 g Zucker
1 Ei
70 g Butter

Belag:
50 g Butter
80 g Zucker
1 Päckchen Vanillezucker
2 Eigelb
250 g Quark
1 Esslöffel Grieß
2 Eiweiß
1 Dose Aprikosenhälften

Zubereitung:

Alle Teigzutaten zu einem Mürbteig verarbeiten. Für den Belag Butter schaumig schlagen, abwechselnd Zucker, Vanillezucker, Eigelb dazugeben, gut rühren. Danach Quark und Grieß einrühren sowie Eischnee unterziehen. Den Teig auswellen, in eine gefettete Springform legen, die Quarkmasse gleichmäßig darauf verteilen und mit abgetropften Aprikosen belegen. Im vorgeheizten Backofen bei 175 Grad ca. 60 Minuten backen. Den erkalteten Kuchen mit steif geschlagener Sahne verzieren.

ZWETSCHGEN-KUCHEN

Zutaten:

Teig:

200 g Butter
200 g Zucker
1 Teelöffel Zimt
4 Eier
200 g Mehl
100 g Speisestärke
1 Päckchen Backpulver
100 g gemahlene Mandeln
$^{1}/_{8}$ l Milch

Füllung:

50 g gemahlene Mandeln
600 g Zwetschgen
etwas Zucker und Zimt

Zubereitung:

Aus den Teigzutaten einen Rührteig herstellen. Die Hälfte des Teiges in eine gefettete mit Semmelbrösel ausgestreute Springform füllen. Im vorgeheizten Backofen bei 200 Grad ca. 10 Minuten vorbacken. Nun nacheinander etwa 30 g gemahlene Mandeln und die entsteinten Zwetschgen auf den Kuchen geben. Zuletzt das Zucker-Zimtgemisch sowie die restlichen Mandeln darüber streuen. Danach mit dem übrigen Rührteig abdecken und in weiteren ca. 45 Minuten fertig backen. Den erkalteten Kuchen mit steif geschlagener Sahne verzieren.

APFEL-FLÖCKCHEN

Zutaten:

Teig:

250 g Butter
200 g Zucker
1 Päckchen Vanillezucker
5 Eier
200 g Haferflocken
80 g Mehl
2 Teelöffel Backpulver

Belag:

500 g mürbe Äpfel
Saft einer halben Zitrone
2 Esslöffel Zucker
3 Esslöffel Rosinen
1/2 Teelöffel Zimt
75 g gemahlene Mandeln

Zubereitung:

Vor dem Herstellen des Rührteiges wird der Belag zubereitet. Dazu die geschälten, vom Kernhaus befreiten Äpfel in kleine Stücke schneiden, diese mit den übrigen Belagszutaten vermischen. Nachdem der Rührteig fertiggestellt ist, etwas mehr als die Hälfte der Teigmenge in eine gefettete mit Semmelbrösel ausgestreute Springform füllen. Darauf die Äpfel geben sowie den restlichen Teig gleichmäßig darüberstreichen. Im vorgeheizten Backofen bei 180 Grad ca. 50 Minuten backen. Nach dem Auskühlen Puderzucker über den Kuchen stäuben.

NUSSKUCHEN

Zutaten:
200 g Butter
250 g Zucker
6 Eier
150 g Mehl
1 Teelöffel Backpulver
1 Teelöffel Kakao
200 g gemahlene Haselnüsse
200 g Schokoraspel

Zubereitung:
Aus den Zutaten einen Rührteig herstellen. Zum Schluss Kakao, Haselnüsse einrühren und Schokoraspel unterziehen. Den Teig in eine gefettete mit Semmelbrösel ausgestreute Backform füllen. Im vorgeheizten Backofen bei 180 Grad ca. 45 Minuten backen. Den ausgekühlten Nusskuchen mit Puderzucker bestäuben.

BANANEN-KUCHEN

Zutaten:

Teig:

230 g Butter
250 g Zucker
1 Päckchen Vanillezucker
5 Eier
300 g Mehl
100 g Speisestärke
1 Päckchen Backpulver
120 ml Milch

Füllung:

2 Bananen
etwas Zitronensaft

Belag:

3 Esslöffel Aprikosenmarmelade
30 g Kokosraspel

Zubereitung:

Aus den Teigzutaten einen Rührteig zubereiten.

Danach die Bananen in Scheiben schneiden und mit Zitronensaft beträufeln. Anschließend etwa 2/3 des Teiges in eine gefettete Springform geben, darauf die Bananenscheiben legen, den restlichen Teig einfüllen und glatt streichen. Im vorgeheizten Backofen bei 200 Grad ca. 1 Stunde backen. Nun die Kuchenoberfläche mit der zuvor erwärmten Aprikosenmarmelade bestreichen und Kokosraspel darüber streuen.

APFELSTREUSELCHEN

Zutaten:

Teig:
150 g Butter
125 g Zucker
1 Päckchen Vanillezucker
3 Eier
250 g Mehl
1/2 Päckchen Backpulver
4 Esslöffel Milch

Belag:
1 kg mürbe Äpfel
Saft einer halben Zitrone
2 Esslöffel Zucker
80 g gemahlener Zwieback
100 g Zucker
1 Teelöffel Zimt
125 g Butter

Zubereitung:
Vor dem Herstellen des Rührteiges wird der Belag zubereitet. Dazu die geschälten, vom Kernhaus befreiten Äpfel in kleine Stücke schneiden. Über diese Zitronensaft träufeln und einzuckern, gut durchziehen lassen. Den Teig rühren, danach in eine gefettete mit Semmelbröseln ausgestreute Springform füllen. Darauf die Apfelstückchen geben. Gemahlener Zwieback, Zucker, Zimt vermischen, zerlassene Butter unterrühren, gleichmäßig über dem Kuchen verteilen. Im vorgeheizten Backofen bei 200 Grad ca. 45 Minuten backen.

BAUMHAUS-KUCHEN

Zutaten:
100 g Butter
175 g Zucker
3 Eier
Saft und Schale einer unbehandelten Zitrone
150 g Mehl
50 g Speisestärke
2 Teelöffel Backpulver
100 ml Milch

Zubereitung:
Aus den Zutaten einen Rührteig herstellen und in eine gefettete mit Semmelbrösel ausgestreute Kastenform füllen. Im vorgeheizten Backofen bei 200 Grad ca. 45 Minuten backen. Aus Puderzucker und Zitronensaft eine Glasur rühren, diese über den gebackenen, noch warmen Kuchen geben.

KÖSTLICHER APFELKUCHEN

Zutaten:

Teig:

250 g Mehl

1/2 Päckchen Backpulver

125 g Zucker

1 Päckchen Vanillezucker

1 Ei

150 g Butter

Belag:

3 Becher süße Sahne

1 Päckchen Vanille-puddingpulver

125 g Zucker

1 Päckchen Vanillezucker

14 kleine, mürbe Äpfel

3 Esslöffel gemahlene Haselnüsse

2 Esslöffel Zucker

1 Teelöffel Zimt

2 Esslöffel Rosinen

2 Esslöffel Crème fraîche

Zubereitung:

Alle Teigzutaten zu einem Mürbteig verarbeiten. Aus Sahne, Puddingpulver, Zucker, Vanillezucker einen Pudding nach Packungsanweisung kochen. Den ausgewellten Teig in eine gefettete mit Semmelbrösel ausgestreute Springform geben, dabei den Teig am Rand ganz hochziehen. Äpfel schälen und das Kernhaus herausstechen. Die ganzen Äpfel auf den Teigboden setzen. Haselnüsse, Zucker, Zimt, Rosinen, Crème fraîche verrühren, die Äpfel damit füllen. Über diese den ausgekühlten Pudding gleichmäßig verteilen. Im vorgeheizten Backofen bei 175 Grad ca. 75 Minuten backen. Den Apfelkuchen in der Form erkalten lassen.

Früchte-Muffins

Zutaten:

2 Eier, 100 g Zucker, 3 Esslöffel Kokosraspel,
200 g Mehl, 1 Teelöffel Backpulver,
100 g Butter, 1/8 l Buttermilch,
1 Dose Früchte-Cocktail

Zubereitung:

Eier schaumig schlagen, löffelweise Zucker dazugeben, gut mitrühren. Danach Kokosraspel sowie das Mehl mit Backpulver vermischt zufügen. Anschließend zerlassene Butter und Buttermilch einrühren. Die abgetropften Früchte unterziehen. Den Teig in Papierbackförmchen füllen. Im vorgeheizten Backofen bei 180 Grad ca. 20 Minuten backen.

Schoko-Muffins

Zutaten:

100 g Butter, 100 g Zucker, 4 Eigelb,
100 g Schokolade, 4 Eiweiß, 50 g Mehl,
1/4 Teelöffel Backpulver,
100 g abgezogene, gemahlene Mandeln

Zubereitung:

Butter schaumig schlagen. Abwechselnd Zucker, Eigelb dazugeben, gut rühren. Anschließend die im Wasserbad geschmolzene Schokolade einrühren. Das steif geschlagene Eiweiß zusammen mit dem Mehl-, Backpulver-, Mandelgemisch unter den Teig ziehen. Diesen in Papierbackförmchen füllen. Im vorgeheizten Backofen bei 180 Grad ca. 20 Minuten backen.

SCHOKO-TRÖPFCHEN-KUCHEN

Zutaten:
4 Eier
200 g Puderzucker
1 Päckchen Vanillezucker
300 g Mehl
1/2 Päckchen Backpulver
1 Becher süße Sahne
2 Päckchen Schoko-Tröpfchen

Zubereitung:
Eier schaumig schlagen. Löffelweise Puderzucker, Vanillezucker dazugeben und cremig rühren. Das mit Backpulver vermischte Mehl sowie die Sahne einrühren. Die Schoko-Tröpfchen unterziehen. Den Teig in eine gefettete Kasten-, Kranz- oder Gugelhupfform füllen. Im vorgeheizten Backofen bei 180 Grad ca. 1 Stunde backen.

ZWERGEN-FARMKUCHEN

Zutaten:

Teig:
250 g Mehl
3/4 Päckchen Backpulver
125 g Quark
2 Esslöffel Zucker
5 Esslöffel Milch
5 Esslöffel Öl

Belag:
4 Eiweiß
150 g Zucker
1 Teelöffel Zimt
250 g gemahlene Haselnüsse
75 g Semmelbrösel
800 g Zwetschgen
etwas Zucker und Zimt
2 Esslöffel Haselnussblättchen

Zubereitung:
Alle Teigzutaten zu einem glatten Teig kneten. Für den Belag Eiweiß steif schlagen, löffelweise Puderzucker und Zimt einrühren. Haselnüsse, Semmelbrösel vermischen, vorsichtig unterziehen. Den ausgewellten Teig in eine gefettete Kuchenform geben. Die Nussmasse darauf streichen, mit den Zwetschgen belegen. Zucker, Zimt, Haselnussblättchen darüber streuen. Im vorgeheizten Backofen bei 200 Grad ca. 30 Minuten backen.

OBST-TÖRTCHEN

Zutaten:

Teig:

250 g Mehl
125 g Butter
75 g Zucker
1 Päckchen Vanillezucker
2 Eigelb
2 Esslöffel kaltes Wasser

Belag:

100 g Zartbitter-Kuvertüre
185 g Mascarpone
75 ml Milch
2 Esslöffel Zucker
2 Päckchen Vanillezucker
1 1/2 Becher süße Sahne

Obst zum Belegen:

z. B. Erdbeeren, Himbeeren, Trauben, Mandarinen, Tortenpfirsich-Schnitten, Kirschen, Kiwi

12 Tortelettförmchen
Linsen oder Erbsen zum Blindbacken

Zubereitung:

Alle Teigzutaten zu einem Mürbteig verarbeiten. Nach dem Kaltstellen den Teig auf einer bemehlten Arbeitsfläche knapp 1/2 cm dick auswellen. Mit einem Tortelettförmchen 12 Kreise ausstechen und diese in gefettete Förmchen legen. Zum Blindbacken Linsen oder Erbsen darauf verteilen.

Im vorgeheizten Backofen bei 200 Grad ca. 10 Minuten backen. Danach die Hülsenfrüchte entfernen, die Torteletts aus den Förmchen nehmen und auf einem Kuchengitter auskühlen lassen. Anschließend die Törtchen mit geschmolzener Kuvertüre ausstreichen. Für die Cremezubereitung Mascarpone, Milch, Zucker, Vanillezucker verrühren. Sahne nicht ganz steif schlagen, unter die Mascarpone-Creme mischen, damit die erkalteten Torteletts füllen. Das Obst beliebig auf den Törtchen verteilen, evtl. mit Sahne verzieren.

FARMER-SCHLEMMERTORTE

Zutaten:

Teig:

3 Eigelb

3 Esslöffel lauwarmes Wasser

100 g Puderzucker

1 Päckchen Vanillezucker

3 Eiweiß

50 g Mehl

50 g Speisestärke

1/2 Teelöffel Backpulver

Belag:

600 g Frischkäse

100 g Puderzucker

4 Esslöffel Milch

1 Esslöffel Zitronensaft

100 g gemahlene Haselnüsse

1 Becher süße Sahne
1 Päckchen Vanillezucker
1 Päckchen Sahnesteif
1 Dose Tortenpfirsich-Schnitten
1 Päckchen klarer Tortenguss

Zubereitung:
Alle Teigzutaten zu einem Biskuit verarbeiten, ca. 20 Minuten backen. Nach dem Auskühlen einen Tortenring umlegen. Da die Torte aus vier Belag-Schichten besteht wird als erste Lage die Frischkäsecreme aufgetragen. Hierzu Frischkäse, Puderzucker, Milch, Zitronensaft gut verrühren. Darüber Haselnüsse streuen. Anschließend Sahne mit Vanillezucker und Sahnesteif schlagen, als dritte Schicht auf die Haselnüsse geben. Darauf die abgetropften Pfirsich-Schnitten legen. Einen Tortenguss nach Packungsanweisung zubereiten, etwas abkühlen lassen, gleichmäßig auf der Torte verteilen.

KIRSCHTORTEN-SCHNITTEN

Zutaten:

Teig:

6 Eigelb

150 g Puderzucker

1 Päckchen Vanillezucker

6 Eiweiß

100 g Mehl

50 g Speisestärke

1/4 Teelöffel Backpulver

Belag:

2 Päckchen Sahnepuddingpulver

4 Gläser Sauerkirschen

1/4 Teelöffel Zimt

4 Becher süße Sahne

4 Päckchen Vanillezucker

4 Päckchen Sahnesteif

3 Beutel Mini-Schokoladen-Butterkekse

Zubereitung:

Eigelb, Zucker, Vanillezucker cremig rühren, unter das steif geschlagene Eiweiß ziehen. Mehl, Speisestärke, Backpulver vermischen, über die Schaummasse sieben, vorsichtig unterheben. Den Teig auf ein mit Back-Trennpapier ausgelegtes Backblech streichen. Im vorgeheizten Backofen bei 200 Grad ca. 15 Minuten backen.

Danach auf ein Kuchengitter stürzen, das Back-Trennpapier abziehen. Für den Belag einen Pudding mit 1 l Saft der abgetropften Kirschen nach Packungsanweisung zubereiten. Zimt und evtl. noch etwas Zucker einrühren.

Leicht abgekühlt etwa die Hälfte des Puddings auf den Tortenboden streichen, darüber zunächst die Kirschen, anschließend den restlichen Pudding gleichmäßig verteilen. Eine Stunde kaltstellen. Sahne, Vanillezucker, Sahnesteif schlagen, etwa 3/4 davon auf den erkalteten Pudding geben.

Die Sahneschicht mit dicht aneinander gesetzten Mini-Keksen abdecken. Nun die Kirschtorte in quadratische oder rechteckige Stücke schneiden. Zum Schluss Sahne- und Kirschdekorationen anbringen.

PREISELBEER-TORTE

Zutaten:

Teig:

125 g Butter
125 g Zucker
1 Päckchen Vanillezucker
4 Eigelb
150 g gemahlene Haselnüsse
50 g Haferflocken
3 Esslöffel Kakao
1/2 Päckchen Backpulver
1/8 l Milch
4 Eiweiß

Belag:

3 Becher süße Sahne
3 Päckchen Vanillezucker
3 Päckchen Sahnesteif
2 Gläser Preiselbeeren
Schokoraspel zum Bestreuen

Zubereitung:

Alle Teigzutaten zu einem Rührteig verarbeiten. Diesen in eine mit Back-Trennpapier ausgelegte Springform füllen. Im vorgeheizten Backofen bei 175 Grad ca. 35 Minuten backen. Um den ausgekühlten Boden einen Tortenring legen. Für den Belag Sahne, Vanillezucker, Sahnesteif schlagen. Davon die Hälfte auf den Tortenboden streichen. Preiselbeeren gleichmäßig darüber verteilen, restliche Sahne auftragen, mit Schokoraspel verzieren.

HEIDELBEER-TORTE

Zutaten:

Teig:

3 Eigelb
1 Esslöffel lauwarmes Wasser
100 g Puderzucker
1 Esslöffel Essig
2 Esslöffel Öl
3 Eiweiß
70 g Mehl
30 g Speisestärke
1 Teelöffel Backpulver

Belag:

2 Becher süße Sahne
3 Esslöffel Zucker
2 Päckchen Vanillezucker
5 Päckchen Sahnesteif
500 g Naturjoghurt
2 Gläser Heidelbeeren
(Saft aufheben für den Tortenguss)
1 Päckchen klarer Tortenguss

Dekoration:

1 Becher süße Sahne
1 Päckchen Vanillezucker
1 Päckchen Sahnesteif
50 g Mandelblättchen

Zubereitung:

Für den Teig Eigelb, Wasser, Puderzucker schaumig schlagen. Essig sowie nach und nach Öl einrühren. Den Eischnee auf die Creme geben, darüber das mit Speisestärke und Backpulver vermischte Mehl sieben, vorsichtig unterziehen. Den Teig in eine mit Pergamentpapier ausgelegte Springform füllen. Im vorgeheizten Backofen bei 175 Grad ca. 25 Minuten backen. Auf einem Kuchengitter auskühlen lassen.

Für den Belag Sahne, Zucker, Vanillezucker, Sahnesteif gut schlagen, Joghurt einrühren. Einen Tortenring um den Biskuit legen, die Joghurt-Sahne-Creme gleichmäßig darauf streichen. Die abgetropften Heidelbeeren darüber geben. Einen Tortenguss mit dem Heidelbeersaft nach Packungsanweisung kochen, leicht abgekühlt auf der Torte verteilen. Diese vor dem Verzieren einige Stunden in den Kühlschrank stellen. Anschließend Sahne, Vanillezucker, Sahnesteif schlagen. Den Tortenrand mit Sahne bestreichen und gerösteten Mandelblättchen bestreuen. Zum Schluss restliche Sahne aufspritzen.

BANANENSAHNE-TORTE

Zutaten:

Teig:
8 Eigelb
200 g Zucker
1 Päckchen Vanillezucker
100 g geriebene Schokolade
200 g gemahlene Mandeln
50 g gemahlener Zwieback
1 1/2 Päckchen Backpulver
8 Eiweiß

Füllung:
3 Becher süße Sahne
3 Päckchen Sahnesteif
2 Päckchen Vanillezucker
2 pürierte Bananen

Zubereitung:
Eigelb, Zucker, Vanillezucker schaumig schlagen. Schokolade, Mandeln, Zwieback mit Backpulver vermischt, löffelweise dazugeben, mitrühren. Anschließend das steif geschlagene Eiweiß unterziehen.

Den Teig in eine mit Back-Trennpapier ausgelegte Springform füllen. Im vorgeheizten Backofen bei 180 Grad ca. 40 Minuten backen, danach auf einem Kuchengitter auskühlen lassen.

Für die Füllung Sahne mit Sahnesteif und Vanillezucker schlagen, das Bananenpüree einrühren. Die Bananensahne in den zuvor ausgehöhlten Tortenboden füllen (beim Aushöhlen beachten, dass ein etwa 1 cm breiter Rand sowie ein dünner Boden stehen bleibt). Die Tortenbodenreste zerkrümeln und gleichmäßig auf der Torte verteilen, darüber Puderzucker stäuben.

SCHOKOSAHNE-TORTE

Zutaten:

Teig:

6 Eigelb

6 Esslöffel lauwarmes Wasser

240 g Puderzucker

1 Päckchen Vanillezucker

6 Eiweiß

140 g Mehl

140 g Speisestärke

1 Teelöffel Backpulver

Belag:

4 Becher süße Sahne

100 g Vollmilch-Schokolade

100 g Zartbitter-Schokolade

2 Päckchen Vanillezucker

4 Päckchen Sahnesteif

Zubereitung:

Alle Teigzutaten zu einem Biskuit verarbeiten. Backzeit ca. 45 Minuten. Nach dem Auskühlen zweimal waagerecht durchschneiden.

Für den Belag einen Becher Sahne erhitzen, darin die Schokolade unter Rühren schmelzen, anschließend abkühlen lassen. Restliche Sahne, Vanillezucker, Sahnesteif schlagen, löffelweise die erkaltete Schokosahne untermischen. Den Tortenring um einen Biskuitboden legen. Mit einem Drittel Schokosahnecreme bestreichen, darüber den zweiten Boden geben, darauf wieder etwas Creme, anschließend mit dem letzten Boden abdecken. Zum Schluss die restliche Creme auf der Tortenoberfläche gleichmäßig verteilen, einige Stunden kaltstellen, mit geraspelter Schokolade verzieren.

ERDBEERTRAUM

Zutaten:

Teig:

175 ml Milch
200 g Zucker
150 g Mehl
4 Eigelb
4 Eiweiß

Belag:

400 g Frischkäse
2 Becher Schmand
60 g Zucker
1 Päckchen Sahnesteif
2 Becher süße Sahne
2 Päckchen Vanillezucker
2 Päckchen Sahnesteif
250 g Erdbeeren
50 g Zucker
1 Päckchen Vanillezucker
1 Päckchen gemahlene weiße Gelatine
Erdbeeren zum Dekorieren

Zubereitung:

Milch, Zucker, Mehl unter Rühren aufkochen, abkühlen lassen. Nacheinander die Eigelb einrühren sowie das steif geschlagene Eiweiß unterziehen. Den Teig in eine mit Back-Trennpapier ausgelegte Springform füllen. Im vorgeheizten Backofen bei 200 Grad ca. 30 Minuten backen. Für den Belag Frischkäse, Schmand, Zucker und Sahnesteif verrühren. Danach Sahne, Vanillezucker, Sahnesteif schlagen, davon etwas mehr als die Hälfte unter die Frischkäsecreme ziehen. Pürierte Erdbeeren, Zucker, Vanillezucker und die nach Packungsanweisung aufgelöste Gelatine vermischen.

Um den ausgekühlten Boden einen Tortenring legen, Frischkäse-Sahnemasse auftragen, über diese das Erdbeerpüree verteilen. Nach dem Glattstreichen kann die Torte noch marmoriert werden, indem man durch das Erdbeerpüree mit einer Gabel ein Muster zieht.

Die Erdbeertorte einige Stunden kaltstellen. Anschließend restli-che Sahne dekorativ aufspritzen und mit Erdbeeren verzieren.

MOHNKREATION

Zutaten:

Teig:

4 Eigelb

4 Esslöffel lauwarmes Wasser

180 g Puderzucker

1/2 Teelöffel Zimt

125 g gemahlener Mohn

100 g Mehl

1/2 Päckchen Backpulver

4 Eiweiß

Belag:

4 Esslöffel Himbeer-Johannisbeer-Gelee

2 Becher süße Sahne

2 Päckchen Vanillezucker

2 Päckchen Sahnesteif

Mohn zum Bestreuen

Zubereitung:

Eigelb, Wasser, Zucker schaumig schlagen. Zimt, Mohn, Mehl mit Backpulver vermischt vorsichtig einrühren. Das steif geschlagene Eiweiß unterheben. Den Teig in eine mit Back-Trennpapier ausgelegte Springform füllen. Im vorgeheizten Backofen bei 175 Grad ca. 30 Minuten backen.

Den Biskuit nach dem Auskühlen einmal in der Mitte quer durchschneiden. Auf beide Tortenböden erwärmtes Gelee streichen. Sahne, Vanillezucker, Sahnesteif schlagen, etwa zwei Drittel davon auf dem einen Boden verteilen. Den anderen mit der Geleeseite über die Sahneschicht legen. Restliche Sahne auftragen und mit Mohn bestreuen.

Rührteig-Zubereitung

Alle Zutaten sollten Zimmertemperatur haben. Die Butter schaumig schlagen, abwechselnd Zucker, Eier dazugeben, zu einer cremigen Masse rühren. Nach und nach das gesiebte mit Backpulver vermischte Mehl zusammen mit der Milch einrühren. Den Teig in eine gefettete Backform füllen und dem jeweiligen Rezept entsprechend im vorgeheizten Backofen backen.

Mürbteig-Zubereitung

Das Mehl auf eine Arbeitsfläche sieben. In die Mitte eine Vertiefung drücken, Zucker und Ei hineingeben, mit etwas Mehl verrühren. Auf den Mehlrand die kalte, kleingeschnittene Butter legen, alles zu einem glatten Teig kneten. Diesen zugedeckt etwa 1 Stunde bis zur Weiterverarbeitung in den Kühlschrank stellen.

Biskuitteig-Zubereitung

Eigelb, lauwarmes Wasser, Zucker, Salz zu einer dicken,
schaumigen Masse rühren. Das sehr steif
geschlagene Eiweiß auf die Eigelbmasse geben.
Darüber das mit Backpulver und Speisestärke vermischte Mehl sieben.
Alles vorsichtig unter die Eigelbmasse ziehen.
Den Teig in eine mit Pergamentpapier ausgelegte Springform füllen.
Im vorgeheizten Backofen bei 175 Grad backen.
Danach den Biskuit auf ein Kuchengitter legen,
gut auskühlen lassen, anschließend das
Pergamentpapier entfernen.
Weiterverarbeitet wird der Biskuit
wie im Rezept angegeben.

INHALT Seite